DELE C2

2021

*15 textos para completar con
180 preguntas tipo test
de español avanzado*

Al final del libro se incluye un glosario COVID-19:
67 términos con sus respectivas definiciones

Vanesa Fuentes

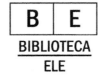

OTROS LIBROS DE LA COLECCIÓN

Supera el DELE A2 - 2021 - Comprensión de Lectura y Expresión Escrita. 3 modelos de comprensión de lectura y expresión escrita. 9 ejemplos de redacción comentados y realizados según los criterios oficiales del Instituto Cervantes. Incluye soluciones.
https://amzn.to/2Ly5bcd

Supera el DELE A2 - 2021 - Comprensión de Lectura y Expresión Escrita. 3 modelos de comprensión de lectura y expresión escrita. 9 ejemplos de redacción comentados y realizados según los criterios oficiales del Instituto Cervantes. Incluye soluciones.
https://amzn.to/3rLmNkC

Supera el DELE B2 - 2021 - Comprensión de Lectura y Expresión Escrita. 3 modelos de comprensión de lectura y expresión escrita. 9 ejemplos de redacción comentados y realizados según los criterios oficiales del Instituto Cervantes. (+ 3 audiciones para la Tarea 1). Incluye soluciones y glosario COVID-19 con 67 términos y definiciones.
https://amzn.to/3rtApka

Complementa el DELE B2 - 2021 - 200 preguntas tipo test con soluciones. Repasa conceptos gramaticales y revisa el léxico propio del nivel. El objetivo es mejorar la capacidad de expresarse con corrección en las pruebas de expresión e interacción del DELE B2, en la parte oral y en la escrita. Incluye soluciones y glosario COVID-19 con 67 términos y definiciones.
https://amzn.to/3uodMQz

RECOMENDADO TAMBIÉN PARA PREPARAR EL NIVEL C2 :

SIELE C1 - DELE C1 - 2021: 15 textos para completar con 196 preguntas tipo test. Entrenamiento para la tarea 5 de la prueba de comprensión de lectura y uso de la lengua, tanto en el SIELE como en el DELE. Se presentan 15 textos periodísticos con vocabulario variado (económico, científico, literario, etc.). Hay que completar los textos con las opciones propuestas en cada pregunta. Incluye las soluciones y un glosario COVID-19.
https://amzn.to/3qoKmi0

DELE C2 - 2021: 15 textos para completar con 180 preguntas tipo test de español avanzado fue publicado en marzo de 2021.

Vanesa Fuentes © (excepto para los textos distribuidos con licencia CC BY-SA)

ÍNDICE

	Página
Introducción	4
TEXTOS PARA EL DELE C2: PRUEBA 1 - TAREA 1	5
Texto nº 1 (texto + preguntas + soluciones)	7
Texto nº 2 (texto + preguntas + soluciones)	11
Texto nº 3 (texto + preguntas + soluciones)	15
Texto nº 4 (texto + preguntas + soluciones)	19
Texto nº 5 (texto + preguntas + soluciones)	23
Texto nº 6 (texto + preguntas + soluciones)	27
Texto nº 7 (texto + preguntas + soluciones)	31
Texto nº 8 (texto + preguntas + soluciones)	35
Texto nº 9 (texto + preguntas + soluciones)	39
Texto nº 10 (texto + preguntas + soluciones)	43
Texto nº 11 (texto + preguntas + soluciones)	47
Texto nº 12 (texto + preguntas + soluciones)	51
Texto nº 13 (texto + preguntas + soluciones)	55
Texto nº 14 (texto + preguntas + soluciones)	59
Texto nº 15 (texto + preguntas + soluciones)	63
Glosario COVID-19	67
Información final	75

INTRODUCCIÓN

Este manual está recomendado para las personas que quieren mejorar su nivel C2 de español. Está basado en la tarea 1 de la prueba de "Uso de la lengua, comprensión de lectura y auditiva" del examen DELE. Se presentan 15 textos periodísticos de vocabulario variado (divulgativo, económico, científico, literario, etc.). Hay que completar los textos con las opciones propuestas en cada pregunta. En total son 180 preguntas de respuesta múltiple centradas en el léxico del nivel avanzado. Para su elaboración se han seguido los criterios oficiales del Instituto Cervantes. También se incluyen las soluciones y un glosario COVID-19 con 67 términos y definiciones.

El equipo de BIBLIOTECA ELE puede ayudarte en la preparación de tus diplomas de español A1, A2, B1, B2, C1 y C2. Contamos con un equipo experimentado de profesores nativos españoles. Permanece atento/a a nuestro canal de Youtube para conocer nuestras últimas novedades.

Link al canal de Youtube de BIBLIOTECA ELE:

https://cutt.ly/kjBvosH

Código QR del canal de Youtube de BIBLIOTECA ELE:

Si quieres contactarnos, podrás hacerlo en el correo electrónico que encontrarás en la última página de este libro.

¡BUENA SUERTE!

TEXTOS PARA EL DELE C2

PRUEBA 1. TAREA 1

USO DE LA LENGUA, COMPRENSIÓN DE LECTURA Y AUDITIVA

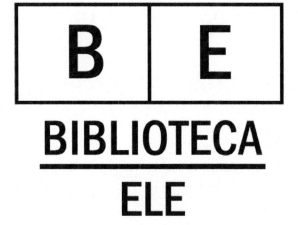

TEXTO Nº 1

INSTRUCCIONES

Lea el texto y complete los huecos (1-12) con la opción correcta (A / B / C).

FILOSOFÍA Y ÉTICA DEL CAMBIO CLIMÁTICO

Una especie viva, un ecosistema particular merecen ___1___ como logros notables de la naturaleza, al igual que una obra de arte es un ___2___ señero del hombre. La dimensión estética de una obra ___3___ a una dimensión fundamental de la realidad, que únicamente el artista es capaz de revelar. Pero esa relación no significa que la obra adquiera categoría humana. Cabe establecer una ___4___ de valores.

La ciencia tiene una gran responsabilidad en el origen del problema climático. Hemos entrado en el Antropoceno en buena medida debido al impresionante poder de las nuevas tecnologías y a su uso ___5___ por parte de los poderes económicos: por primera vez en la ___6___, la actividad humana está modificando determinadas características medioambientales que ___7___ a la humanidad en su conjunto.

Pero la ciencia también nos hace conscientes de los problemas relacionados con la crisis ecológica y ___8___ un papel decisivo en el desarrollo de perspectivas que podrían ___9___ hacia una gestión racional de la crisis climática. Integrado en una concepción más amplia de la realidad, el ___10___ científico sigue siendo decisivo para atenuar el cambio climático.

Sin embargo, la democracia no es tecnocracia. En democracia, es el político quien toma las decisiones. El sociólogo alemán Max Weber (1864-1920) distinguió entre la esfera de los hechos y la esfera de los valores. Por el lado del conocimiento, el científico es un especialista en hechos y le ___11___ analizar las situaciones y propuestas de diversas hipótesis compatibles con las limitaciones ecológicas. Los políticos, por su parte, actúan de conformidad con los valores que se han comprometido a defender. En un sistema democrático, su legitimidad se deriva de su elección. Se les elige precisamente para que escojan la opción que se ajuste a sus sistemas de valores. El cambio climático implica análisis técnicos muy complejos que no siempre están en ___12___ con las orientaciones que los políticos han seleccionado.

Bernard Feltz

Texto adaptado de "El Correo de la UNESCO" y distribuido con la misma licencia CC-BY-SA. La presente publicación no es una publicación oficial de la UNESCO y no debe considerarse como tal.

https://es.unesco.org/courier/2019-3/filosofia-y-etica-del-cambio-climatico

OPCIONES

1. a) respeto	b) respecto	c) miramiento

2. a) revés	b) éxito	c) descalabro

3. a) ciñe	b) remite	c) envía

4. a) acracia	b) dependencia	c) jerarquía

5. a) caudaloso	b) tierno	c) indiscriminado

6. a) narración	b) Historia	c) historia

7. a) afectan	b) enternecen	c) fingen

8. a) profesa	b) actúa	c) desempeña

9. a) adiestrarnos	b) enderezarnos	c) encaminarnos

10. a) recuadro	b) enfoque	c) tablón

11. a) incumbe	b) induce	c) incumple

12. a) semejanza	b) consonancia	c) cadencia

RESPUESTAS - TEXTO Nº 1										
1a	2b	3b	4c	5c	6c	7a	8c	9c	10b
11a	12b								

TEXTO Nº 2

INSTRUCCIONES

Lea el texto y complete los huecos (1-12) con la opción correcta (A / B / C).

ROLES DE GÉNERO DE LA PREHISTORIA

«Durante más de siglo y medio, las interpretaciones que se han hecho de los restos arqueológicos han contribuido en gran medida a invisibilizar a las mujeres prehistóricas, sobre todo al reducir su importancia en la economía». Es una de las conclusiones a las que llega la investigadora Marylène Patou-Mathis. Pero, tal y como añade la autora, hay descubrimientos recientes que han virado esa mirada ___1___.

Uno de los últimos estudios lo publicó la revista científica *Science Advances* a principios del pasado noviembre: el ___2___ de una chica de entre 17 y 19 años enterrada hace unos 9.000 años junto a sus armas y la posterior revisión de un centenar de ___3___ ha llevado a un grupo de arqueólogos a afirmar que más de un ___4___ de quienes cazaban eran mujeres. Si la noticia sorprende es porque "___5___ la explicación tradicional y cuestiona la llamada teoría del hombre cazador", dice Marta Cintas Peña, doctora en Historia. Por eso es relevante: "Para que el público general se dé cuenta de la cantidad de ideas ___6___ que hay sobre las mujeres en las sociedad prehistóricas", explica Margarita Sánchez Romero, arqueóloga experta en género.

Las ___7___ que tiene este descubrimiento en términos de género son, por tanto, fundamentales para enfocar el discurso histórico de una manera más amplia y rigurosa de lo que se venía haciendo hasta ahora. "___8___ como la de que las mujeres no cazaban o no pintaban cuevas no se pueden seguir manteniendo", señala Sánchez Romero. "Una actividad tan diversa como la caza –caza mayor, caza menor, uso de arcos, lanzas, trampas, ___9___, etc.– con un desarrollo tan ___10___ en el tiempo –miles de años– y realizada prácticamente en todos los lugares del mundo no puede ser tratada de una forma tan simple".

Frente a las escasas evidencias arqueológicas, ambas expertas apelan a la ___11___ para desmontar muchas de las afirmaciones que a menudo se hacen sobre los roles de mujeres y hombres en las sociedades. "Por ejemplo, las mujeres de los grupos Chipewyan, en Canadá, cazan habitualmente. Y tampoco es nueva la aparición de armamento para la caza, como puntas de flecha o puntas de lanzas en los ___12___ funerarios de las mujeres durante la Prehistoria", argumenta Sánchez Romero.

Alba Mareca

Texto adaptado de "lamarea.com" y distribuido con la misma licencia CC-BY-SA.

https://www.lamarea.com/2021/03/19/roles-de-genero-de-la-prehistoria-el-pasado-tampoco-fue-como-creemos/

OPCIONES

1. a) androcéntrica   b) feminista   c) egocéntrica

2. a) encuentro   b) despiste   c) hallazgo

3. a) entierros   b) mausoleos   c) enterramientos

4. a) terciado   b) tercio   c) tercero

5. a) contradice   b) corrobora   c) opone

6. a) previstas   b) preconcebidas   c) predichas

7. a) gestaciones   b) soluciones   c) implicaciones

8. a) Afirmaciones   b) Sensaciones   c) Confirmaciones

9. a) hondas   b) fondas   c) ondas

10. a) diluido   b) dilatado   c) difuso

11. a) enología   b) paleografía   c) etnografía

12. a) arneses   b) ajuares   c) hatillos

RESPUESTAS - TEXTO Nº 2										
1a	2c	3c	4b	5a	6b	7c	8a	9a	10b
11c	12b								

TEXTO Nº 3

INSTRUCCIONES

Lea el texto y complete los huecos (1-12) con la opción correcta (A / B / C).

LA LUCHA CONTRA EL PLÁSTICO

El proyecto nace en 2010 en la ciudad de Salvador de Bahía, al noreste de Brasil, al día siguiente del Carnaval. Frente a la montaña de deshechos ___1___ al mar tras esta fiesta popular, que cada año supone la salida a la calle de millones de habitantes para desfilar y bailar, cuatro surfistas deciden ___2___. Crean *Fundo da Folia* (Fondo de la Fiesta) para recoger los desechos que han ido a parar al mar.

Diez años más tarde, la asociación sigue existiendo y crece cada año que pasa. Científicos y vecinos participan actualmente en las actividades y no dudan en armarse con equipos básicos de ___3___ para bajar en apnea a recoger los desechos del fondo de la bahía, ___4___ por otros voluntarios en tablas de surf. Ya se han llevado a cabo más de 200 actividades en el ___5___ de este programa, que combina deporte con sensibilización ambiental, y que ha ___6___ al rescate de decenas de toneladas de residuos.

La difusión en los medios de comunicación y por las redes sociales de imágenes de playas convertidas en vertederos a cielo ___7___ y de tortugas ahogadas por la ___8___ de bolsas de plástico ha provocado un gran impacto.

15

El océano se va ___9___ bajo estos materiales: se estima que cada año se vierten ocho millones de toneladas de plástico en los océanos. Una gran parte de esos desechos va a parar a las playas, queda a la ___10___ en la superficie de los océanos o invade los ___11___ marinos descomponiéndose en micropartículas.

El caso de las ___12___ de plástico, que pueden tardar un centenar de años en descomponerse, es sintomático de los objetos de un solo uso que han invadido nuestra vida cotidiana. Varios países de Latinoamérica, como Chile, México, Argentina o Brasil, se han sumado a iniciativas globales encaminadas a prohibir el uso del plástico.

Rodrigo Torres y Samila Ferreira

Texto adaptado de "El Correo de la UNESCO" y distribuido con la misma licencia CC-BY-SA. La presente publicación no es una publicación oficial de la UNESCO y no debe considerarse como tal.

https://es.unesco.org/courier/2021-1/america-latina-se-abre-lucha-plastico

OPCIONES

1. a) disparados   b) arrojados   c) abalanzados

2. a) reaccionar   b) accionar   c) regir

3. a) bucero   b) buceo   c) bozo

4. a) desasistidos   b) cooperados   c) secundados

5. a) marco   b) cuadro   c) lienzo

6. a) contribuido   b) desamparado   c) apoquinado

7. a) libre   b) abierto   c) diáfano

8. a) comida   b) ingesta   c) colación

9. a) hundiendo   b) despeñando   c) tragando

10. a) derivada   b) derivación   c) deriva

11. a) lechos   b) tálamos   c) hondos

12. a) tajitas   b) fajitas   c) pajitas

RESPUESTAS - TEXTO Nº 3										
1b	2a	3b	4c	5a	6a	7b	8b	9a	10c	
11a	12c									

DELE C2 - 2021

TEXTO Nº 4
INSTRUCCIONES

Lea el texto y complete los huecos (1-12) con la opción correcta (A / B / C).

TODAS ESAS LUCES ENCENDIDAS

Algunos siguen creyendo que la fiesta continúa, cuando, en realidad, ya no hay nadie bailando, las luces se han apagado y solo queda el silencio. Con las crisis siempre sucede así: mientras todo se viene ___1___ hay alguien que dice "no vengas ahora tú a ___2___ la vida".

Porque piensan que la vida es eso, gozar, y que si no lo hacemos es que somos idiotas, o peor, que no nos lo merecemos. Pero no, esta vez no, esta vez la fiesta se ha acabado de verdad. Vivimos un tiempo de silencio y es así, en silencio, como mejor podemos oír ese ___3___ que nos dice que las cosas no están bien. Era algo que hasta la llegada de la pandemia no podíamos escuchar de forma definida: demasiado ruido por todas partes. Pero ahora, en la intimidad de nuestras casas, ___4___ a la ventana a esa hora en la que la calle se ha quedado ___5___, comenzamos a percibirlo con más nitidez.

El problema es que no sabemos lo que es. Cuesta poner nombre a las cosas. Somos neandertales ___6___ palabras: ansiedad, depresión, suicidio, palabras tabú, que si no se nombran no existen.

19

De ___7___ damos vueltas en la cama, nos levantamos, bebemos agua y vemos las luces encendidas en los salones y los dormitorios de nuestros vecinos. Siempre he creído que la noche es más lúcida que el día. ___8___ más de lo que me cuentan en la barra de un bar, libre y sin ___9___, que de aquello que me dicen en una oficina.

Por eso, los pensamientos nocturnos son peligrosos: porque ___10___ ser verdad. Pero preferimos tomar el segundo ansiolítico y olvidarnos de todo ese dolor. Y por la mañana, con la boca ___11___, todo eso a lo que no hemos puesto nombre seguirá allí, pero no haremos nada, ___12___ los ojos en el ascensor como queriendo hacer ver que sonreímos tras la mascarilla: es la sonrisa triste de los payasos.

José Ignacio Carnero

Texto adaptado de "lamarea.com" y distribuido con la misma licencia CC-BY-SA.

https://www.lamarea.com/2021/03/19/todas-esas-luces-encendidas/

OPCIONES

1. a) bajo   b) debajo   c) abajo

2. a) consternarnos b) amargarnos   c) disgustarnos

3. a) estropicio   b) susurro   c) fulgor

4. a) inclinados   b) aflorados   c) asomados

5. a) desierta   b) desertizada   c) desertificada

6. a) troquelando   b) balbuceando   c) biselando

7. a) madrugada   b) madrugadas   c) madrugadores

8. a) Me confío   b) Confío   c) Me fío

9. a) ataduras   b) cordeles   c) hilos

10. a) frecuentan   b) suelen   c) usan

11. a) pastosa   b) atascada   c) arrastrada

12. a) abriremos   b) cerraremos   c) achinaremos

RESPUESTAS - TEXTO Nº 4										
1c	2b	3b	4c	5a	6b	7a	8c	9a	10b
11a	12c								

TEXTO Nº 5

INSTRUCCIONES

Lea el texto y complete los huecos (1-12) con la opción correcta (A / B / C).

TRAFICANTES DE ARTE, TRAFICANTES DE ALMAS

Otoño de 2019. Las autoridades interceptan un total de 19.000 antigüedades y desmantelan varias redes internacionales de traficantes de arte en el curso de dos operaciones simultáneas. Este ___1___ sin precedentes da una idea de las dimensiones que ha alcanzado el tráfico ___2___ de bienes culturales en las últimas décadas, pero también revela la ___3___ de la respuesta policial en el plano internacional.

Investigadores, aduaneros y expertos tropiezan con numerosos obstáculos en la tarea de frenar el tráfico ilegal de antigüedades, que se ha beneficiado de la mundialización. Aunque el comercio de bienes culturales dista mucho de ser un fenómeno novedoso, nunca antes había ___4___ tanto. Impulsado por la avidez de coleccionistas, galerías y museos, el valor de las antigüedades y las piezas artísticas ha crecido rápidamente.

Este comercio, especialmente lucrativo, ___5___ a personas que buscan en qué invertir su dinero, pero también a otras con menos ___6___ que encuentran en este mercado un mecanismo para blanquear fondos o financiar sus actividades ilegales.

Lo esencial del comercio ilícito transcurre en la sombra, sin ruidos, a lo largo de circuitos laberínticos que a menudo comienzan en edificios religiosos, museos y ___7___ arqueológicos. Tras haber circulado por países de tránsito, los bienes robados u obtenidos mediante ___8___ se incorporan a colecciones de particulares o de ___9___ establecidos en capitales occidentales, amparados por un certificado de exportación.

El ___10___ de leyes y sanciones se volvió aún más necesario con el ___11___ del comercio electrónico: un comprador solo tiene que pulsar una tecla en cualquier lugar del mundo para adquirir en total ___12___ estatuillas precolombinas o cerámicas antiguas.

Agnès Bardon

Texto adaptado de "El Correo de la UNESCO" y distribuido con la misma licencia CC-BY-SA. La presente publicación no es una publicación oficial de la UNESCO y no debe considerarse como tal.
https://es.unesco.org/courier/2020-4/traficantes-arte-traficantes-almas

OPCIONES

1. a) comisorio   b) decomiso   c) fideicomiso

2. a) ilícito   b) lícito   c) solícito

3. a) algarabía   b) anchura   c) envergadura

4. a) desarrollado   b) prosperado   c) decaído

5. a) propicia   b) atrae   c) repele

6. a) desidia   b) esmero   c) escrúpulos

7. a) yacimientos   b) vencimientos   c) cimientos

8. a) despojo   b) saqueo   c) botín

9. a) mercantes   b) marchantes   c) mercantiles

10. a) endurecimiento   b) aflojamiento   c) encallecimiento

11. a) declive   b) vértice   c) auge

12. a) anónimo   b) anonimato   c) anonimia

RESPUESTAS - TEXTO Nº 5

1b	2a	3c	4b	5b	6c	7a	8b	9b	10a
11c	12b								

TEXTO Nº 6
INSTRUCCIONES

Lea el texto y complete los huecos (1-12) con la opción correcta (A / B / C).

PISOS TURÍSTICOS Y FIESTAS ILEGALES

Varias asociaciones vecinales se han concentrado para denunciar la explotación de Viviendas de Uso Turístico (VUT) y su uso para celebración de fiestas. Bajo la ___1___ "Las Viviendas de Uso Turístico son ilegales", las entidades se han manifestado en la mañana de este sábado.

"Estamos hasta las ___2___ de la inacción que está teniendo la administración pública, particularmente la Comunidad de Madrid, más preocupada por otras cosas que por ___3___ a los ciudadanos. Después de presentarles más de 1.500 denuncias aproximadamente, las autoridades no han resuelto absolutamente nada", ha denunciado Víctor Rey, ___4___ de la Asociación Vecinal de Sol y Barrio de las Letras.

Las entidades han ___5___ a la administración regional 1.598 denuncias de pisos turísticos ilegales por incumplimiento de leyes como la de Turismo. "Hay viviendas que funcionan con falsas declaraciones responsables o ___6___ de la licencia urbanística adecuada. Pero de momento ha servido para poco, esto es un ___7___ y en los últimos tiempos la situación se ha agravado con las fiestas ilegales de los fines de semana", ha señalado Rey.

Según los denunciantes, la ___8___ de fiestas "en el mismo espacio y de manera consecutiva", no es una situación casual, sino algo "perfectamente organizado y comercializado".

"Ahora mismo la situación es esa, la ___9___ que ha encontrado el sector de los pisos turísticos para ___10___ la inversión que ha hecho es alquilar para fiestas. Son inversiones que corresponden a grandes grupos empresariales o a gente que vive fuera, que ha venido y comprado. Eso destroza un barrio, destroza una ciudad, la ___11___ del comercio de proximidad y de los propios vecinos. Es una ___12___ que va creciendo y la administración no está haciendo absolutamente nada", ha asegurado Rey.

Pablo 'Pampa' Sainz

Texto adaptado de "elsaltodiario.com" y distribuido con la misma licencia CC-BY-SA.

https://www.elsaltodiario.com/gentrificacion/asociaciones-vecinales-denuncian-hartazgo-pisos-turisticos-fiestas-ilegales

OPCIONES

1. a) contraseña   b) señal   c) consigna

2. a) cejas   b) narices   c) orejas

3. a) acoger   b) atender   c) relegar

4. a) portavoz   b) altavoz   c) altoparlante

5. a) levantado   b) izado   c) elevado

6. a) escasean   b) faltan   c) carecen

7. a) cachondeo   b) bulo   c) pitorro

8. a) vindicación   b) reiteración   c) ratificación

9. a) escapatoria   b) fuga   c) marcha

10. a) expropiar   b) amortizar   c) desamortizar

11. a) desnuda   b) dota   c) despoja

12. a) frugalidad   b) vorágine   c) vehemencia

RESPUESTAS - TEXTO Nº 6										
1c	2b	3b	4a	5c	6c	7a	8b	9a	10b
11c	12b								

TEXTO Nº 7

INSTRUCCIONES

Lea el texto y complete los huecos (1-12) con la opción correcta (A / B / C).

UNA NOVELA HA SALVADO A MI MADRE

Eso me dice por teléfono: "hijo, esta novela me ha salvado la vida". Aunque suelo ___1___ afirmaciones grandilocuentes, y a menudo impostadas, como que el arte nos salva o que la literatura es más interesante que la realidad, sí creo, por lo___2___, que la literatura es un elemento fundamental de nuestra existencia. Claro que puede haber vida sin literatura, como la puede haber sin música o sin amor, pero me parece que una vida así ___3___ una carencia. Podríais pensar que esta afirmación responde a la visión ___4___, e incluso interesada, de alguien que se dedica a la escritura, de quien pasa tanto tiempo entre seres imaginarios, y entre libros que los explican, como en interacción con personas de ___5___ y hueso. Que la literatura, entonces, solo es esencial para una élite intelectual alejada del mundo.

Dejadme entonces que os aclare brevemente quién es mi madre: ella nació en un pueblo muy pobre de Badajoz. Cuando emigró a Madrid con su madre, soltera y excompañera de un combatiente cubano del ___6___ republicano, apenas durante dos años pudo aprender a leer y escribir. A los catorce años tuvo que empezar a trabajar, porque su madre ganaba como ___7___ lo mismo que pagaba por el alquiler del ___8___ en el que vivían. Después nunca le fue posible volver a estudiar, ___9___, porque los hijos y las tareas del hogar no le dejaban tiempo. Pero leía. Escribía poemas, algún cuento. Ahora también ha escrito una novela, la que le ha salvado la vida, durante estos meses de epidemia, después de la muerte de mi padre en mayo. Durante este tiempo de aislamiento, ella necesitaba hacer algo que la ___10___, pero que no fuera tan solo una manera de matar el tiempo, no se trataba de resolver crucigramas o hacer ___11___.

La novela le ha permitido soportar mejor las carencias, la distancia, el malestar, y aferrarse a la imaginación para que el ___12___ no la arrastre. Lo resume con su humildad habitual: yo ya sé que no vale nada, pero a mí me vale.

José Ovejero

Texto adaptado de "lamarea.com" y distribuido con la misma licencia CC-BY-SA.

https://www.lamarea.com/2021/01/06/una-novela-ha-salvado-a-mi-madre/

OPCIONES

1. a) rehuir		b) escapar		c) huir

2. a) bajini		b) bajío		c) bajonado

3. a) empuña		b) confina		c) encierra

4. a) inclinada		b) sesgada		c) ladeada

5. a) piel		b) carne		c) sangre

6. a) bando		b) mando		c) abanderado

7. a) sirviente		b) sirvienta		c) servidera

8. a) cuchicheo		b) cuchichí		c) cuchitril

9. a) formarse		b) labrarse		c) amaestrarse

10. a) tragase		b) absorbiese		c) sorbiese

11. a) ganchillo		b) ganchito		c) gancho

12. a) duelo		b) júbilo		c) dolo

RESPUESTAS - TEXTO Nº 7										
1a	2a	3c	4b	5b	6a	7b	8c	9a	10b
11a	12a								

TEXTO Nº 8

INSTRUCCIONES

Lea el texto y complete los huecos (1-12) con la opción correcta (A / B / C).

HABANA DE MIS AMORES

Este año La Habana cumple cinco siglos. ¿Cómo está la salud de la ciudad?

Pensando en mí, y me imagino yo ciudad, creo que los ___1___ que tiene son los que puede sentir uno cuando ha vivido tan largo tiempo. Cinco siglos es poco en comparación con ciudades antiquísimas como Atenas o Estambul. Pero es mucho para nosotros en nuestra América, exceptuando las grandes ___2___ prehispánicas como Cuzco o las ciudades mayas. La Habana forma parte de esa nueva ___3___ que se inaugura con la conquista y la colonización española. En nuestro caso, fundamentalmente es este tiempo nuevo que comenzó hace 60 años con la victoria de la Revolución: la resistencia del pueblo cubano, de la cual La Habana ha sido ___4___ y símbolo.

El centro histórico está inscrito en la Lista de Patrimonio Mundial de la Unesco desde 1982. Desde su punto de vista, ¿cuál es el valor de La Habana?

La ___5___ de valores es muy amplia. Hay un valor simbólico: es la capital de la nación, la cabeza; pero al mismo tiempo es también muy representativa de todos los valores culturales, intelectuales, políticos, históricos y sociales del pueblo cubano. También es un catálogo de la más hermosa y ___6___ arquitectura que alcanzó la isla. Por ejemplo, ese barroco de la catedral de La Habana, contenido más en un estado de ánimo, que el escritor cubano Alejo Carpentier describió con ___7___ en *El siglo de las luces*, su gran novela.

Está la ciudad neoclásica y, después, esa ciudad del eclecticismo que es tan impresionante, en Centro Habana, llena de ___8___ y criaturas imaginarias. Allí se ___9___ el *art nouveau* y luego el *art déco*, como en el edificio Emilio Bacardí, para hacer aún más intenso el discurso de la arquitectura.

Y, por último, La Habana de la modernidad, que llega a su ___10___ de la mano del arquitecto vienés Richard Neutra en la Casa de Schulthess

¿Nos puede adelantar en qué van a consistir las celebraciones de noviembre?

El gobierno de la ciudad ha elaborado un amplio proyecto de conmemoración. En la Oficina del Historiador hemos diseñado un plan concreto para la zona histórica, que se ___11___ armónicamente al proyecto. Le he dedicado más de tres décadas y confieso que a veces ___12___ esa causa era como hacerlo en el desierto.

Eusebio Leal
(Entrevista realizada por Lucía Iglesias Kuntz)

Texto adaptado de "El Correo de la UNESCO" y distribuido con la misma licencia CC-BY-SA. La presente publicación no es una publicación oficial de la UNESCO y no debe considerarse como tal.

https://es.unesco.org/courier/2019-2/eusebio-leal-habana-mis-amores

OPCIONES

1. a) elogios   b) alegatos   c) achaques

2. a) urbes   b) aldeas   c) haciendas

3. a) ondulación   b) onda   c) ola

4. a) blanco   b) emblema   c) dechado

5. a) escala   b) norma   c) escalera

6. a) deslumbrada   b) cegadora   c) deslumbrante

7. a) inercia   b) brío   c) riego

8. a) gargales   b) gárgolas   c) gárgaras

9. a) cuela   b) tamiza   c) resbala

10. a) esplendor   b) alza   c) polvareda

11. a) alista   b) inscribe   c) incorpora

12. a) predicar   b) sermonear   c) arengar

RESPUESTAS - TEXTO Nº 8

1c	2a	3c	4b	5a	6c	7b	8b	9a	10a
11c	12a								

TEXTO Nº 9

INSTRUCCIONES

Lea el texto y complete los huecos (1-12) con la opción correcta (A / B / C).

LA VACUNACIÓN EN ÁFRICA

Dos variables parecen estar marcando el proceso de vacunación en el continente africano: por un lado, la distribución de las dosis proporcionadas por la iniciativa COVAX que pretende ___1___ al alcance de los países más vulnerables la inmunización contra la COVID-19; y, por otro, la supresión de las patentes de las vacunas. Estas dos constantes se pueden ___2___ también en otros términos: el ___3___ de vacunas por parte de los países del Norte global, con más capacidad de compra, por un lado; y la persistencia de los intereses de la industria farmacéutica en medio del drama de la amenaza global, por otro.

Ghana fue, a finales de febrero, el país que recibió el desembarco de la primera ___4___ de vacunas distribuida por la iniciativa COVAX. A partir de ese momento, los cargamentos de ___5___ orientadas a la inmunización colectiva se han recibido con una enorme expectación en los diferentes países del continente africano, en algunos casos en medio de amplias campañas de propaganda del gobierno de ___6___.

Junto a la iniciativa COVAX han llegado donaciones de países como China, Rusia, India o los Emiratos Árabes Unidos. El proceso no ha estado exento de problemas. Sudáfrica fue el primer país en ___7___ la vacunación con Astra Zeneca ante las dudas de su efectividad para tratar la nueva ___8___ detectada en su territorio. La República Democrática del Congo se ha unido a Sudáfrica y a los países que han ___9___ temporalmente la administración de esta vacuna.

Mientras tanto, hay un mapa del mundo que se está haciendo popular: es el de los países que ___10___ la propuesta lanzada por Sudáfrica e India de suspender temporalmente las patentes de las vacunas. Varias organizaciones internacionales, incluida la propia OMS, se han ___11___ a favor de esta suspensión. Ese mapa ___12___, igualmente, una imagen clara de los países que se oponen a esta medida de emergencia.

Carlos Bajo Erro

Texto adaptado de "elsaltodiario.com" y distribuido con la misma licencia CC-BY-SA

https://www.elsaltodiario.com/actualidad-africana/africa-suspension-patentes-contexto-agitado

OPCIONES

1. a) instaurar b) meter c) poner

2. a) plantear b) plantar c) regar

3. a) acaparamiento b) amontonamiento c) desprendimiento

4. a) jugada b) mercancía c) partida

5. a) inyecciones b) prótesis c) transfusiones

6. a) tanda b) vez c) turno

7. a) embelesar b) suspender c) colgar

8. a) cepeda b) cepa c) raíz

9. a) paralizado b) agilizado c) corroborado

10. a) auxilian b) soportan c) apoyan

11. a) emitido b) sometido c) posicionado

12. a) arroja b) tira c) suelta

RESPUESTAS - TEXTO Nº 9									
1c	2a	3a	4c	5a	6c	7b	8b	9a	10c
11c	12a								

TEXTO Nº 10

INSTRUCCIONES

Lea el texto y complete los huecos (1-12) con la opción correcta (A / B / C).

LAS ANCIANAS QUE SEREMOS

Hay que añadir un nuevo nombre a la larga lista de artífices de la edad de oro del cine chileno. Es el de Maite Alberdi, la directora de uno de los documentales más celebrados de los últimos tiempos: *El agente topo*. La película ganó el premio del público en el Festival de San Sebastián y acaba de recibir el premio ___1___: su nominación al Oscar al mejor documental.

Cuenta la historia de Sergio Chamy, un hombre de 83 años que consigue un trabajo de infiltrado en una agencia de detectives. Su misión es ___2___ en una residencia de ___3___ e informar de posibles irregularidades: robos, malos tratos, falta de higiene y de cuidados... Paralelamente, se está ___4___ allí un documental con la intención de mostrar ese contraste, lo que se ve de cara al público y lo que se esconde. Y ahí es cuando se produce la ___5___: en la residencia no ocurre nada anormal y Sergio interactuará insistentemente con decenas de internas (la gran mayoría son mujeres) para demostrarlo. El resultado es un monumento a la ternura y la piedad.

Buscando la sordidez, Maite Alberdi encontró una historia humana capaz de ___6___ el corazón más duro. Consciente de esa ___7___, varió sobre la marcha el enfoque de la película.

Lo que iba a ser cine de ___8___ se convirtió en una cálida comedia sobre la tercera edad. «Es algo que suele ocurrir en los documentales de observación», explica María del Puy Alvarado, la productora española que ha participado en el proyecto.

El agente topo ___9___ al público desde la emotividad. «Conecta de una forma muy especial. Yo no conozco a nadie que diga que no le ha gustado. Y eso se sabe, se nota. Vamos a multitud de ___10___ y sabemos cuándo una película puede provocar ___11___ de opiniones. Pero con esta el público ha tenido una conexión emocional brutal», explica la productora.

El éxito que Sergio –el protagonista– tiene entre las mujeres de la residencia traspasa la pantalla. La delicadeza con la que se acerca a sus compañeras de retiro, su sincera preocupación por ellas, el apoyo que les ___12___ en los peores momentos convierten a Sergio en un verdadero modelo masculino, un ideal completamente ajeno a cualquier tipo de toxicidad.

Manuel Ligero

Texto adaptado de "lamarea.com" y distribuido con la misma licencia CC-BY-SA.

https://www.lamarea.com/2021/03/19/el-agente-topo-las-ancianas-que-seremos/

OPCIONES

1. a) orondo   b) gordo   c) grueso

2. a) ingresar   b) inscribir   c) incorporar

3. a) vetustos   b) viejos   c) ancianos

4. a) rodeando   b) rodando   c) torneando

5. a) mágica   b) magia   c) maga

6. a) derretir   b) batir   c) liquidar

7. a) capitulación b) merma   c) serendipia

8. a) cargo   b) denuncia   c) súplica

9. a) cautiva   b) desagrada   c) sojuzga

10. a) audiciones b) pases   c) miradas

11. a) partición b) división   c) fragmentación

12. a) brinda   b) desea   c) somete

RESPUESTAS - TEXTO Nº 10										
1b	2a	3c	4b	5b	6a	7c	8b	9a	10b
11b	12a								

TEXTO Nº 11

INSTRUCCIONES

Lea el texto y complete los huecos (1-12) con la opción correcta (A / B / C).

LENGUAS INDÍGENAS: CONOCIMIENTOS Y ESPERANZA

La situación de las lenguas indígenas es el reflejo de la de sus hablantes. En muchas regiones del mundo están al ___1___ de la desaparición. Algunos gobiernos han procurado deliberadamente borrarlas del mapa ___2___ su uso, como en América en las primeras épocas del colonialismo. Otros países siguen negando hoy la existencia de poblaciones indígenas en su territorio: sus lenguas se ven ___3___ a la condición de dialectos y están desvalorizadas en relación con los idiomas nacionales, lo cual las condena a una muerte ___4___.

Pero el principal motivo de la dramática situación en la que se encuentran las lenguas indígenas es la amenaza que ___5___ sobre la existencia misma de sus hablantes. Se trata del cambio climático, que ___6___ gravemente a sus economías de subsistencia. Además, los proyectos denominados "de desarrollo" –plantaciones, minas y otras actividades extractivas– causan ___7___, al igual que las políticas que combaten la diversidad y fomentan la homogeneidad. Los Estados tienen una mayor tendencia a castigar las opiniones discordantes, y la violación de derechos aumenta: somos testigos de un ___8___ sin precedentes del número de indígenas acosados, detenidos, encarcelados e

47

incluso ejecutados sumariamente por haber ___9___ defender sus territorios.

Pero lo que a menudo se olvida, cuando se evocan estas amenazas, es su repercusión en las culturas ___10___; es decir, en los valores que constituyen la base de un pueblo. Los indígenas derivan sus identidades, valores y sistemas de conocimientos de la interacción con el medio, los mares o los bosques. Sus lenguas son el producto de ese entorno, ya que las formas de describir lo que les rodea originan su especificidad lingüística. Cuando ese medio se ___11___, la cultura y la lengua se ven afectadas.

Las nuevas tecnologías de la información y la comunicación podrían contribuir a mejorar el proceso de aprendizaje y convertirse en un instrumento de conservación de las lenguas___12___. Lamentablemente, no es así. Habida cuenta de que los pueblos indígenas son considerados minoritarios, las políticas estatales de preservación lingüística suelen hacer caso omiso de sus idiomas.

Minnie Degawan

Texto adaptado de "El Correo de la UNESCO" y distribuido con la misma licencia CC-BY-SA. La presente publicación no es una publicación oficial de la UNESCO y no debe considerarse como tal.

https://es.unesco.org/courier/2019-1/lenguas-indigenas-conocimientos-y-esperanza

OPCIONES

1. a) borde　　　　b) margen　　　　c) extremo

2. a) penalizando　　b) fomentando　　c) exacerbando

3. a) aupadas　　　b) relegadas　　　c) excluidas

4. a) fiable　　　　b) consolidada　　c) segura

5. a) pende　　　　b) cuelga　　　　c) sobrevuela

6. a) ejerce　　　　b) conmueve　　　c) afecta

7. a) cúspides　　　b) estragos　　　c) ruinas

8. a) hinchamiento　b) alza　　　　　c) ensanchamiento

9. a) osado　　　　b) atrevido　　　c) aventurado

10. a) autóctonas　　b) espurias　　　c) foráneas

11. a) corrige　　　b) enmienda　　　c) modifica

12. a) vernáculas　　b) vernales　　　c) mayoritarias

RESPUESTAS - TEXTO Nº 11										
1a	2a	3b	4c	5a	6c	7b	8b	9a	10a
11c	12a								

TEXTO Nº 12

INSTRUCCIONES

Lea el texto y complete los huecos (1-12) con la opción correcta (A / B / C).

INCENDIOS EN TRANSFORMADORES ELÉCTRICOS

Según los datos de la Asociación de Afectados por el Accidente del Transformador 29272 en Tarifa, el número de incendios en transformadores ha aumentado en los últimos cinco años en un 80%. «Hasta 2008, el consumo de electricidad aumentaba en un promedio de un 2% anual. Este hecho, junto con una reducción de las inversiones realizadas en las redes eléctricas debido a los programas de ___1___ a nivel mundial de las empresas eléctricas, ha traído como consecuencia ___2___ más frecuentes en transformadores», explica la asociación.

«La ___3___ existente en el mercado eléctrico exige muchas veces que los equipos de transmisión y distribución que han estado en funcionamiento durante años tengan mayor durabilidad. Además, cuando se ___4___ un programa de inversión, el bajo nivel de las normas internacionales y la globalización del mercado ___5___ una reducción de la calidad de los transformadores», añade.

En estos primeros días de 2021, la asociación lleva ___6___ cuatro incendios. En uno de ellos, además, tuvieron que ser ___7___ varios vecinos. «Todo esto ha llevado a numerosos especialistas a estar de acuerdo en que es muy probable que la ___8___ de fallos de los transformadores se incremente en el futuro debido a los

51

años de funcionamiento de estos, la reducción del coste y la falta de calidad en nuevos equipamientos«, insiste la asociación.

En el caso concreto de Tarifa, según los informes periciales aportados a la ___9___ judicial, el origen del incendio estuvo en el transformador. El pasado octubre, el consejero andaluz de Hacienda mantuvo un encuentro con los familiares en Tarifa y se comprometió a ofrecerles ___10___ jurídico e intermediar con Endesa.

Según Hacienda, se han mantenido sucesivas reuniones con Endesa para establecer un plan de inspecciones y actuaciones de ___11___ de los transformadores que va más allá de lo establecido reglamentariamente. Endesa, que siempre ha defendido que el transformador de Tarifa estaba en la mitad de su vida útil y con todas las revisiones pasadas, aseguró a este medio que no haría declaraciones sobre el caso debido a que el ___12___ judicial está abierto.

Olivia Carballar

Texto adaptado de "lamarea.com" y distribuido con la misma licencia CC-BY-SA.

https://www.lamarea.com/2021/01/14/los-incendios-en-transformadores-electricos-aumentan-un-80-en-los-ultimos-cinco-anos/

OPCIONES

1. a) privatización   b) privación   c) socialización

2. a) recargos   b) excedentes   c) sobrecargas

3. a) competitividad   b) idoneidad   c) incumbencia

4. a) abate   b) posa   c) planifica

5. a) enardecen   b) provocan   c) avivan

6. a) recitados   b) calculados   c) contabilizados

7. a) desalojados   b) desahuciados   c) desocupados

8. a) tasa   b) medida   c) tasación

9. a) razón   b) fuente   c) causa

10. a) encauzamiento   b) adiestramiento   c) asesoramiento

11. a) renovación   b) repunte   c) rejuvenecimiento

12. a) proceso   b) desarrollo   c) procesamiento

RESPUESTAS - TEXTO Nº 12

1a	2c	3a	4c	5b	6c	7a	8a	9c	10c
11a	12a								

TEXTO Nº 13

INSTRUCCIONES

Lea el texto y complete los huecos (1-12) con la opción correcta (A / B / C).

CRISIS EN LAS ACTIVIDADES ARTÍSTICAS

El 97% de las personas dedicadas a la interpretación y la danza no obtienen de sus actividades artísticas el dinero suficiente para ___1___, situándose por debajo de la línea de la pobreza, según demuestra una encuesta de la Fundación Artistas, Intérpretes, Sociedad de Gestión (AISGE).

La encuesta ha sido realizada entre 3.150 personas asociadas de la entidad que respondieron a un cuestionario de 38 preguntas, entre las que se ___2___ la situación antes de la pandemia, durante el estado de alarma y a finales del verano, después del inicio de la desescalada.

"El informe es ___3___, no hay salida. Deberían tomar ___4___ en el asunto rápidamente porque la cultura se acaba", dice la actriz Amparo Climent. "Ni podemos ___5___ a un ERTE, ni tenemos contratos, ni podemos hacer nada", opina.

"La desocupación creció de manera exponencial hasta casi cuadriplicarse, desde el 19 al 69%. Y este panorama solo se ___6___ de manera muy tímida tras la primera ola, con un 63% de desocupados. Todo ello teniendo en cuenta que tales datos de desempleo comprenden tanto la actividad artística como las complementarias que desarrolla la mayor parte de los artistas para sobrevivir", se lee en el informe.

La magnitud de la caída se entiende más cuando se recuerda que en enero de 2020 el nivel de ocupación laboral en el sector era "el más alentador del siglo", según AISGE, con un 46% de artistas con ___7___ anuales por encima de los 6.000 euros. "Una cifra a todas ___8___ modesta, pero muy significativa para quienes pretenden vivir de su profesión artística", argumentan.

"Son miles de familias que viven de todas las manifestaciones culturales, y no solo actores o actrices. Están los ___9___, ___10___, escritores, dramaturgos, guionistas, operadores, editores, técnicos, artistas, todo un mundo para el que se acabó todo desde que empezó la pandemia", denuncia Climent, quien destaca que salvo algunas iniciativas puntuales, "nadie rueda".

"Rodar hoy implica muchos problemas, con pruebas COVID al menos dos o tres días a la semana y eso supone un coste añadido muy grande que ___11___ en toda la producción. La inestabilidad que siempre vivimos en esta profesión los artistas e intérpretes, ahora con el ___12___ de la COVID, es tremenda", detalla.

Pablo 'Pampa' Sainz

Texto adaptado de "elsaltodiario.com" y distribuido con la misma licencia CC-BY-SA.

https://www.elsaltodiario.com/artes-escenicas/-97percent-personas-dedicadas-interpretacion-danza-ingresos-subsistir

OPCIONES

1. a) perdurar b) subsistir c) perpetuarse

2. a) sorteaba b) abordaba c) eludía

3. a) derruido b) demoledor c) desmoronado

4. a) cartas b) medidas c) riendas

5. a) cogernos b) recogernos c) acogernos

6. a) palió b) encubrió c) disculpó

7. a) ingresos b) bienes c) medios

8. a) horas b) formas c) luces

9. a) tramoyistas b) bañistas c) arribistas

10. a) soplones b) apuntadores c) insinuadores

11. a) repercute b) atañe c) involucra

12. a) sumado b) postizo c) añadido

RESPUESTAS - TEXTO Nº 13									
1b	2b	3b	4a	5c	6a	7a	8c	9a	10b
11a	12c								

RADIO AMBULANTE, RADIOSCOPÍA DE AMÉRICA LATINA

¿Cómo surgió la idea de hacer *Radio Ambulante*?

Hace ocho años Daniel Alarcón y yo vivíamos en San Francisco. Él es escritor, yo periodista. Soy colombiana y Daniel, peruano. Nuestras experiencias migratorias eran distintas, pero teníamos en común el ___1___ a Latinoamérica. Cuando empezamos éramos oyentes de radio, pero no teníamos ninguna idea de cómo funcionaba esa industria. Comenzamos a buscar la ___2___ para nuestro proyecto aquí, en Estados Unidos, y vimos inmediatamente que el futuro era digital.

¿Cómo se relacionan con sus oyentes?

Hoy en día es imposible hacer caso ___3___ de la audiencia. Lo que te ofrece el mundo digital es una interacción constante. Los oyentes sienten que tienen un poder, nos piden cosas, a veces nos ___4___ de errores… Tenemos una línea muy directa con ellos. Hace ya tres años que nos esforzamos en ___5___ las relaciones con la audiencia. De este modo, abrimos otros canales de comunicación. Tenemos, por ejemplo, un grupo en WhatsApp para los oyentes más entusiastas.

¿Cómo es su modelo de ___6___, cómo se sostienen?

Radio Ambulante es un proyecto___7___. Las veinte personas que hoy la formamos no producimos noticias de actualidad ni hacemos ___8___ artículos por día. ___9___ treinta episodios al año, que es poco, pero se ___10___ despacio porque requieren mucho trabajo editorial y rigor. Recibimos apoyo de algunas fundaciones y hace tres años firmamos un contrato de distribución exclusiva con la radio pública estadounidense. También contamos con un programa de ___11___ para aquellos que nos quieran apoyar de manera regular.

Últimamente estamos tratando de generar productos derivados de contenidos que ya tenemos. Queremos buscar oportunidades de propiedad intelectual en cine o series... Alguna de las historias de nuestro catálogo quizá se convierta un día en una historia de ficción que pueda generarnos___12___.

Entrevista a Carolina Guerrero realizada por Lucía Iglesias Kuntz

Texto adaptado de "El Correo de la UNESCO" y distribuido con la misma licencia CC-BY-SA. La presente publicación no es una publicación oficial de la UNESCO y no debe considerarse como tal.

https://es.unesco.org/courier/2020-1/radio-ambulante-radioscopia-america-latina

OPCIONES

1. a) pegado   b) apego   c) pego

2. a) divisa   b) moneda   c) plata

3. a) excluido   b) omiso   c) omitido

4. a) avisan   b) notifican   c) anuncian

5. a) estrechar   b) acorralar   c) apiñar

6. a) despacho   b) negocio   c) comercio

7. a) costoso   b) costero   c) alto

8. a) eñe   b) ene   c) equis

9. a) Lanzamos   b) Tiramos   c) Echamos

10. a) guisan   b) estofan   c) cocinan

11. a) membresías   b) membretes   c) membrados

12. a) dádivas   b) regalías   c) favores

RESPUESTAS – TEXTO Nº 14									
1b	2c	3b	4a	5a	6b	7a	8c	9a	10c
11a	12b								

TEXTO Nº 15

INSTRUCCIONES

Lea el texto y complete los huecos (1-12) con la opción correcta (A / B / C).

¿"CROWDFUNDING" PARA SALVAR EL PERIODISMO?

Según Miguel Carvajal, profesor de Periodismo, el micromecenazgo ha supuesto un refuerzo para los medios de comunicación, "un apoyo más ___1___ que económico, porque no sirve para mantener un medio a largo plazo". "Este tipo de campañas se usa sobre todo para poner en pie ideas concretas o para dar un impulso inicial a algunas de ellas", añade. La gran campaña de microfinanciación en España fue la de *El Español*, el diario impulsado en 2015 por Pedro J. Ramírez, que obtuvo tres millones de euros. Sin embargo, el plan de ___2___ de fondos de El Español tenía unas características concretas que dan lugar a una discusión sobre si es posible considerarlo o no un *crowdfunding*.

En Europa, el caso más conocido por el ___3___ de los fondos conseguidos es el de *The Correspondent*, un medio de comunicación holandés que a principios de 2019 obtuvo 2,5 millones de dólares en treinta días gracias a las ___4___ de unas 45.000 personas. ___5___ así su propio récord de 2013, cuando logró más de un millón de euros en apenas ocho días de campaña.

Si nos ___6___ a proyectos de financiación colectiva en España, según los cálculos de Miguel Carvajal, *La Marea* se sitúa entre los mejores, aunque de una manera mucho más modesta.

Para Carvajal, este tipo de mecenazgo permite "crear comunidad, hacer que la gente que apoya el proyecto se sienta parte de él. Se trata de trabajos que, generalmente, se encuentran al margen de la ___7___ mediática y que solo tenían esta forma de salir adelante, ya que hubiese sido muy complicado haber obtenido financiación por otras ___8___".

Joan B. Cabot, de *Goteo.org*, sostiene que "un *crowdfunding* permite centralizar todo el esfuerzo en una campaña comunicativa potente con un objetivo ___9___". Así, se consigue una alternativa a la venta de publicidad o al dinero público. Según Cabot, "en los últimos tiempos estamos teniendo un ___10___ de proyectos de periodismo independiente, sobre todo durante 2020". Gracias a diferentes campañas en *Goteo.org*, han salido adelante propuestas de financiación colectiva de medios y organizaciones como *Maldita*, *Cuartopoder*, *Ctxt* o *Ballena Blanca*.

Todas estas ___11___ se han valido de la plataforma para obtener los fondos necesarios para sus proyectos. "Muchas de ellas, por su carácter ideológico, no podrían haber sido objeto de ___12___. O quizá sí, pero aceptando realizar *greenwashing*, es decir, a costa de recibir apoyo de empresas y lavarles la cara", defiende Miguel Carvajal.

Dani Domínguez

Texto adaptado de "lamarea.com" y distribuido con la misma licencia CC-BY-SA.

https://www.lamarea.com/2020/10/27/crowdfunding-para-salvar-el-periodismo/

OPCIONES

1. a) anímico   b) anémico   c) anómalo

2. a) captación   b) adquisición   c) compra

3. a) aforo   b) volumen   c) cuerpo

4. a) asistencias   b) arras   c) aportaciones

5. a) Partía   b) Rompía   c) Rasgaba

6. a) ajustamos   b) ceñimos   c) amoldamos

7. a) guía   b) libreta   c) agenda

8. a) rutas   b) rondas   c) vías

9. a) marcado   b) anotado   c) rubricado

10. a) ápice   b) pique   c) pico

11. a) cabeceras   b) rúbricas   c) sentencias

12. a) patronato   b) patrocinio   c) patrocinador

RESPUESTAS - TEXTO Nº 15

1a	2a	3b	4c	5b	6b	7c	8c	9a	10c
11a	12b								

GLOSARIO COVID-19

Definiciones realizadas por BIBLIOTECA ELE con la ayuda de Wikipedia y Wikcionario.

Abreviaturas:
(m): sustantivo masculino
(f): sustantivo femenino
(inv): sustantivo o adjetivo invariable

TÉRMINO	DEFINICIÓN
A	
anticuerpo (m)	Proteína que reacciona de forma específica contra un determinado antígeno o sustancia extraña en la sangre. Su producción es una parte esencial de la respuesta inmune y permite luchar contra virus, bacterias o parásitos.
aplanar la curva	Estrategia de salud pública surgida como respuesta a la emergencia por COVID-19. El objetivo de aplanar la curva es ralentizar las infecciones.
aerosol (m) *(transmisión por aerosoles)*	Presencia en un gas (especialmente en el aire) de partículas sólidas o líquidas en suspensión o dispersión.
aforo (m)	Capacidad real o estimada de espectadores que caben en un determinado recinto de espectáculos como un teatro, un cine o un estadio.
aislamiento (m)	Circunstancia de poner o dejar algo separado o incomunicado de todo lo demás.

antígeno (m)	Cualquier sustancia capaz de provocar una respuesta inmunitaria.
asintomático/a	Que no presenta síntomas.
B	
brote epidémico (m)	Inicio de la propagación de una enfermedad epidémica.
bulo (m)	Noticia falsa cuya finalidad es negativa.
C	
cierre perimetral (m)	Prohibición para entrar o salir de una zona determinada con el fin de limitar los movimientos de las personas durante una epidemia.
confinamiento (m)	Aislamiento o restricción de movimientos de un grupo de personas por motivos de salud o seguridad.
confinar	Mantener a alguien en un sitio determinado.
contacto estrecho (m)	Persona que ha estado en el mismo lugar que una persona infectada, a menos de 2 metros y durante más de 15 minutos.
contagiar	Propagar una enfermedad por contagio.
contagio (m)	Acción o efecto de contagiar (transmitir un agente patógeno).
conviviente (inv)	Que vive con otro.
coronavirus (m)	Miembro de una familia de virus que infectan a animales y seres humanos. Su genoma consiste en una sola cadena de ARN.
COVID-19 (f)	Enfermedad infecciosa de las vías respiratorias causada por el virus SARS-CoV-2.
cribado (m)	Prueba médica que se realiza a un grupo de personas para detectar o descartar una dolencia.

cribar	Realizar una prueba médica a un grupo de personas para detectar o descartar una dolencia.
cuarentena (f)	Acción de aislar o apartar a personas o animales durante un período de tiempo, para evitar o limitar el riesgo de que extiendan una determinada enfermedad contagiosa.
curva (epidémica) (f)	Dentro de un gráfico de estadística, línea que muestra la variación de un fenómeno a lo largo de un conjunto de variables (en diferentes momentos, lugares, etc.).
D	
desescalada (f)	Reducción en la intensidad de las medidas utilizadas durante una crisis.
diagnóstico (m)	Reconocimiento de una enfermedad a partir de sus síntomas, el examen médico y los resultados de los análisis de laboratorio.
distanciamiento social (m)	Conjunto de medidas no farmacéuticas de control de las infecciones. Su objetivo es detener o desacelerar la propagación de una enfermedad contagiosa.
E	
epidemia (f)	Descripción del estado de salud comunitaria. Ocurre cuando una enfermedad afecta a un número de individuos superior al esperado en una zona y durante un tiempo determinado.
epidemiología (f)	Disciplina científica en el área de la medicina que estudia la distribución, la frecuencia y los factores determinantes de las enfermedades existentes en poblaciones humanas definidas.

epidemiólogo/a	Profesional especializado/a en epidemiología.
EPI (m)	Equipo de protección individual. Se compone de una bata que cubre todo el cuerpo hecha de material resistente, unas gafas para proteger los ojos, una o varias mascarillas, guantes y zapatillas.
ERTE (m)	Expediente de Regulación Temporal de Empleo. Procedimiento mediante el cual una empresa en una situación excepcional busca obtener autorización para despedir trabajadores, suspender contratos de trabajo o reducir jornadas de manera temporal, cuando la empresa atraviese por dificultades técnicas u organizativas que pongan en riesgo la continuidad de la compañía.
estado de alarma (m)	Régimen excepcional que se declara para asegurar el restablecimiento de la normalidad en una sociedad.
F	
falso negativo (m)	Error de exploración física o de prueba complementaria que da un resultado normal o no detecta una alteración, cuando en realidad el paciente sufre una enfermedad.
falso positivo (m)	Error de exploración física o de prueba complementaria que indica una enfermedad determinada, cuando en realidad no la hay.
fiebre (f)	Aumento patológico de la temperatura corporal.

G	
gel hidroalcohólico desinfectante (m)	Producto empleado para desinfectarse las manos y que detiene la propagación de gérmenes. La cantidad de alcohol en su composición varía entre el 60% y el 85%, siendo la cantidad más común un 70%.
grupo burbuja (m)	Unidad de convivencia escolar formada siempre por los mismos niños, sin la posibilidad de mezclarse con otros.

I	
incidencia (f)	Participación o influencia de un número de casos en un resultado, o en un conjunto de observaciones o estadísticas.
incidencia acumulada (f)	Número de casos nuevos de una enfermedad en una población determinada y en un periodo determinado.
incubación (f)	Desarrollo de una enfermedad por un organismo.
incubar	Desarrollar una enfermedad desde el contagio hasta la aparición de síntomas.
infección (f)	Invasión de gérmenes nocivos en el organismo.
infectar	Contagiar alguna enfermedad o agente infeccioso.
inmune (inv)	Respecto de ciertas enfermedades, que tiene protección contra ellas.
inmunidad (f)	Condición o carácter de inmune.
inmunidad de grupo (f) / inmunidad de rebaño (f)	Fenómeno bioestadístico que se observa en una población cuando parte de ella se ha hecho inmune a una enfermedad por contagio previo o porque ha sido vacunada.

M	
mascarilla (f)	Dispositivo diseñado para proteger al portador de la inhalación en atmósferas peligrosas como humos, vapores, gases, partículas en suspensión y microorganismos.
N	
nueva normalidad (f)	Situación en la que se incorporan nuevas medidas de protección necesarias para prevenir los contagios y minimizar el riesgo de repunte de una enfermedad, epidémica o pandémica.
P	
paciente (inv)	Persona que padece una enfermedad.
paciente cero (inv)	Primer caso de una enfermedad. Necesario para dar con un foco de infección o un brote epidémico.
pandemia (f)	Enfermedad que se extiende abarcando la mayor parte de la población de un territorio.
PCR (f) / test (m), prueba (f)	En inglés: *Polymerase Chain Reaction*. Prueba que se utiliza para el diagnóstico de enfermedades, tales como enfermedades infecciosas, cáncer y anormalidades genéticas.
policía de balcón (inv)	Persona que vigila escondida a los viandantes o a sus vecinos para saber si cumplen la ley.
prueba diagnóstica (f)	Examen que solicita el médico y que se le realiza al paciente tras una exploración física. Sirve para confirmar o descartar un diagnóstico clínico.

R	
rastreo de contactos (m)	Búsqueda que localiza a las personas que pudieron haber estado expuestas a un virus.
S	
secuela (f)	Lesión o afección que surge como consecuencia de una enfermedad o un accidente.
sistema inmunitario (m)	Conjunto de elementos y procesos biológicos que mantiene el equilibrio interno de un organismo frente a agresiones externas.
supercontagiador/a	Organismos, comúnmente personas, con una gran capacidad para transmitir virus y enfermedades infecciosas.
T	
teletrabajo (m)	Trabajo realizado en un lugar diferente a la sede de la empresa o negocio. Utiliza herramientas de telecomunicación.
test de antígenos (m)	Prueba realizada a través de una muestra nasal o de saliva y que detecta la proteína de un virus.
test serológico (m)	Análisis de sangre que detecta los anticuerpos que se producen al contacto con un virus.
toque de queda (m)	Prohibición o restricción, establecida por instituciones gubernamentales, de circular libremente por las calles de una ciudad o permanecer en lugares públicos, salvo excepciones de necesidad o urgencia.
tos (f)	Contracción espasmódica repentina y a veces repetitiva de la cavidad torácica que resulta en una liberación violenta del aire de los pulmones.

toser	Respirar de forma violenta liberando aire u otra sustancia de los pulmones.
transmisión comunitaria (f)	Propagación de una enfermedad sin que las personas infectadas sepan dónde ni cuándo se contagiaron.
tratamiento (m)	Conjunto de fármacos y procedimientos que se prescribe para curar o aliviar una dolencia.
V	
vacuna (f)	Sustancia orgánica o virus convenientemente preparado que, aplicado al organismo, hace que este reaccione contra origen de la infección, preservándolo de sucesivos contagios.
vacunar	Inocular un antígeno para desarrollar una inmunidad a un agente patógeno.
videoconferencia (f) / videollamada (f)	Comunicación simultánea de audio y vídeo, que permite mantener reuniones con grupos de personas situadas en lugares alejados entre sí.
virus (m)	Agente infeccioso compuesto de ácido nucleico rodeado por proteínas.

INFORMACIÓN FINAL

Si este libro te ha sido útil, por favor, **deja una buena valoración y un comentario** en la web de Amazon. Tu voto positivo nos ayudará a publicar nuevos manuales.

Recuerda que el equipo de BIBLIOTECA ELE puede seguir ayudándote en la preparación de tus diplomas de español. Si estás interesado/a en nuestras **clases particulares de cualquier nivel** (A1, A2, B1, B2, C1 y C2), contáctanos en:

correobiblioteca.ele@gmail.com

Contamos con un equipo experimentado de profesores nativos españoles. También corregimos redacciones y trabajos académicos a precios muy asequibles.

¡BUENA SUERTE CON EL DELE!

Vanesa Fuentes
Profesora de español y directora de BIBLIOTECA ELE

Printed in Great Britain
by Amazon